ESTE LIBRO PERTENECE A

_____

Para Adam, Iris y Ray

Título original *Leila Duly's Walk in the Woods. An Intricate Colouring Book*

Edición Virginia Brehaut
Diseño Drazen Tomic
Ilustración Leila Duly
**Traducción y coordinación de la edición
en lengua española** Cristina Rodríguez Fischer

Primera edición en lengua española 2024

© 2024 Naturart, S.A. Editado por BLUME
Carrer de les Alberes, 52, 2.º,
Vallvidrera 08017 Barcelona
Tel. 93 205 40 00 e-mail: info@blume.net
© 2024 Thames & Hudson Ltd, Londres
© 2024 de las ilustraciones Leila Duly

ISBN: 978-84-10268-53-1
Depósito legal: B. 11869-2024
Impreso en China

WWW.BLUME.NET

Paseo por el bosque

UN DETALLADO LIBRO PARA COLOREAR

ELFOS

LEILA DULY

¡Acompáñeme en mi paseo por el bosque!

Le invito a que dé un apacible paseo a través de las estaciones; en primavera, verá cómo emergen los primeros brotes, resplandecen las hojas y los pájaros se muestran laboriosos en la construcción de sus nidos. En verano, los paisajes están repletos de flores silvestres, follaje y polinizadores que se mueven, revolotean y zumban por el bosque. Encontraremos ejemplos otoñales en los hongos, el musgo, las bellotas y las inflorescencias, con criaturas forestales que buscan alimento en la cosecha de la naturaleza. Acabaremos con el aire frío del invierno, con atractivos adornos de brillantes piñas y bayas.

Celebre la gama cromática de la naturaleza durante todo el año y haga suya la profunda calma del bosque con estas obras hechas a mano, para valorar y colorear.

El verde es gala y ornato
del bosque en la primavera.
Entre sus siete colores
brillante el iris lo ostenta.

Las esmeraldas son verdes,
verde el color del que espera
y las ondas del océano
y el laurel de los poetas.

Rimas y leyendas, Gustavo Adolfo Bécquer

La más dulce de las flores,
en los fragantes días primaverales,
es el lirio de los valles
de formas retraídas y suaves.

The Lily of the Valley («El lirio de los valles»), Paul Laurence Dunbar

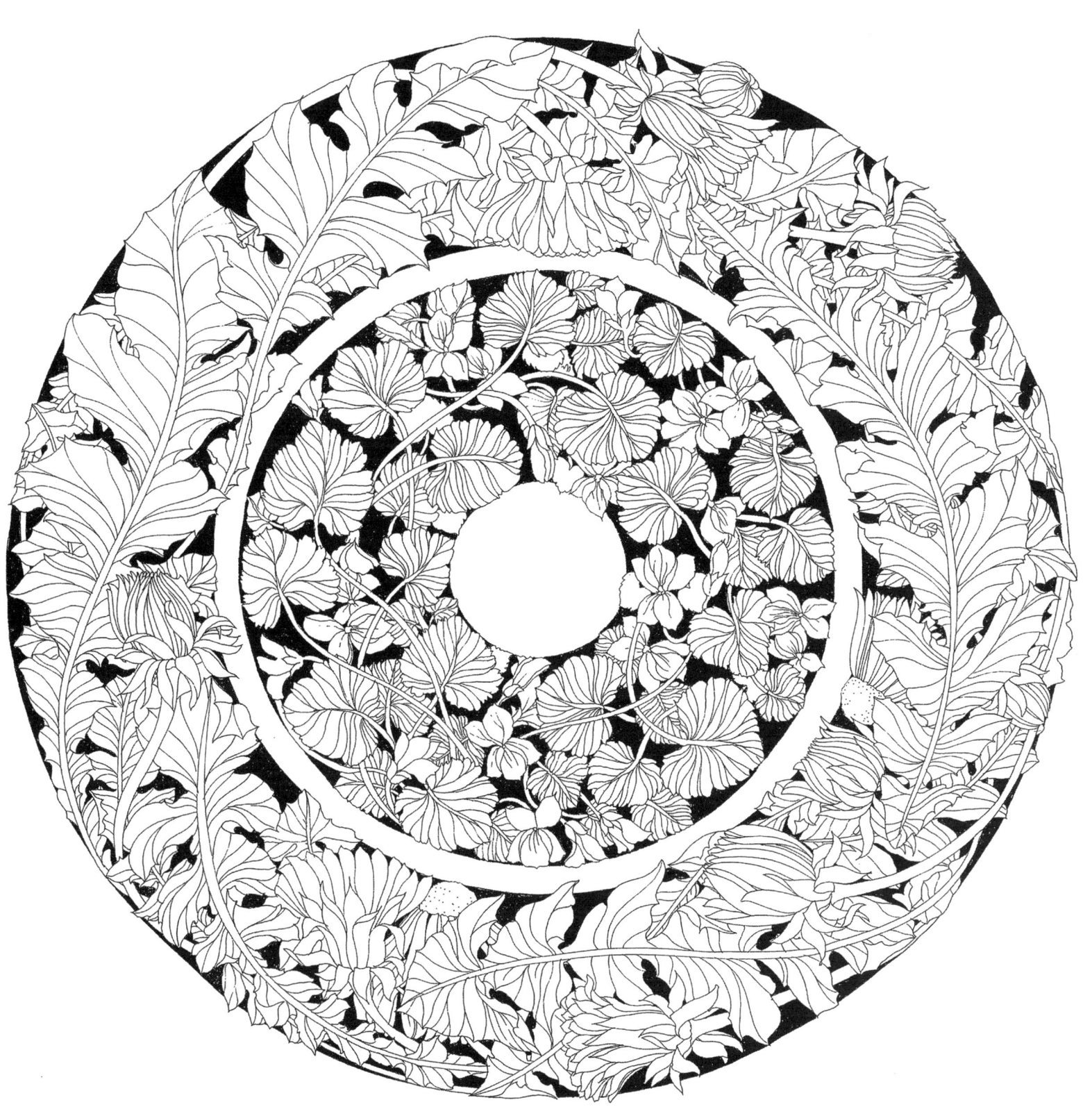

Para el ojo atento, cada momento
del año tiene su propia belleza,
y en un mismo lugar de la campiña contempla, hora tras hora,
una imagen que jamás ha visto,
y que nunca más volverá a ver.

Nature («Naturaleza»), Ralph Waldo Emerson

Debo permanecer bajo el viejo árbol,
entre las hierbas altas, la opulencia de
las hojas, y el canto en el aire.
Me parece que puedo sentir
toda la radiante vida que otorga el sol
y que el viento del sur llama a existir.

The Life of Fields («La vida de los campos»), Richard Jefferies

Los fuertes pinos del bosque
con sus copas gigantescas
y sus desnudas raíces
amarradas a las piedras;
los de troncos plateados
cuyas frondas azulean,
pinos jóvenes; los viejos
cubiertos de blanca lepra,
musgos y líquenes canos
que el grueso tronco rodean,
colman el valle y se pierden
rebasando ambas laderas.

La tierra de Alvargonzález, Antonio Machado

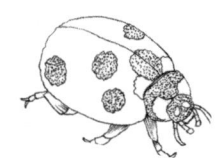
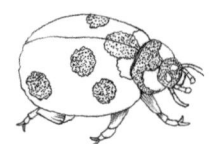
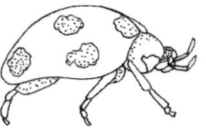

Hay cierto placer en el seno de los bosques impenetrables,
   Hay algo embelesador en la solitaria ribera,
   Hay sociedad donde nadie viene a importunarnos,
A la orilla del mar profundo, cuyo bramido tiene también su armonía:
Yo no he dejado de querer al hombre, aunque prefiero a la Naturaleza.

Childe Harold's Pilgrimage (*La peregrinación de Childe Harold*), Lord Byron

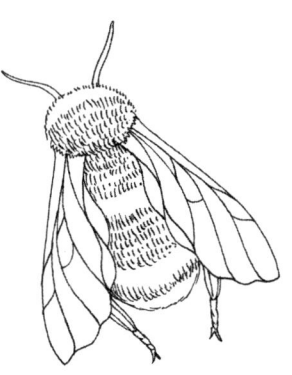

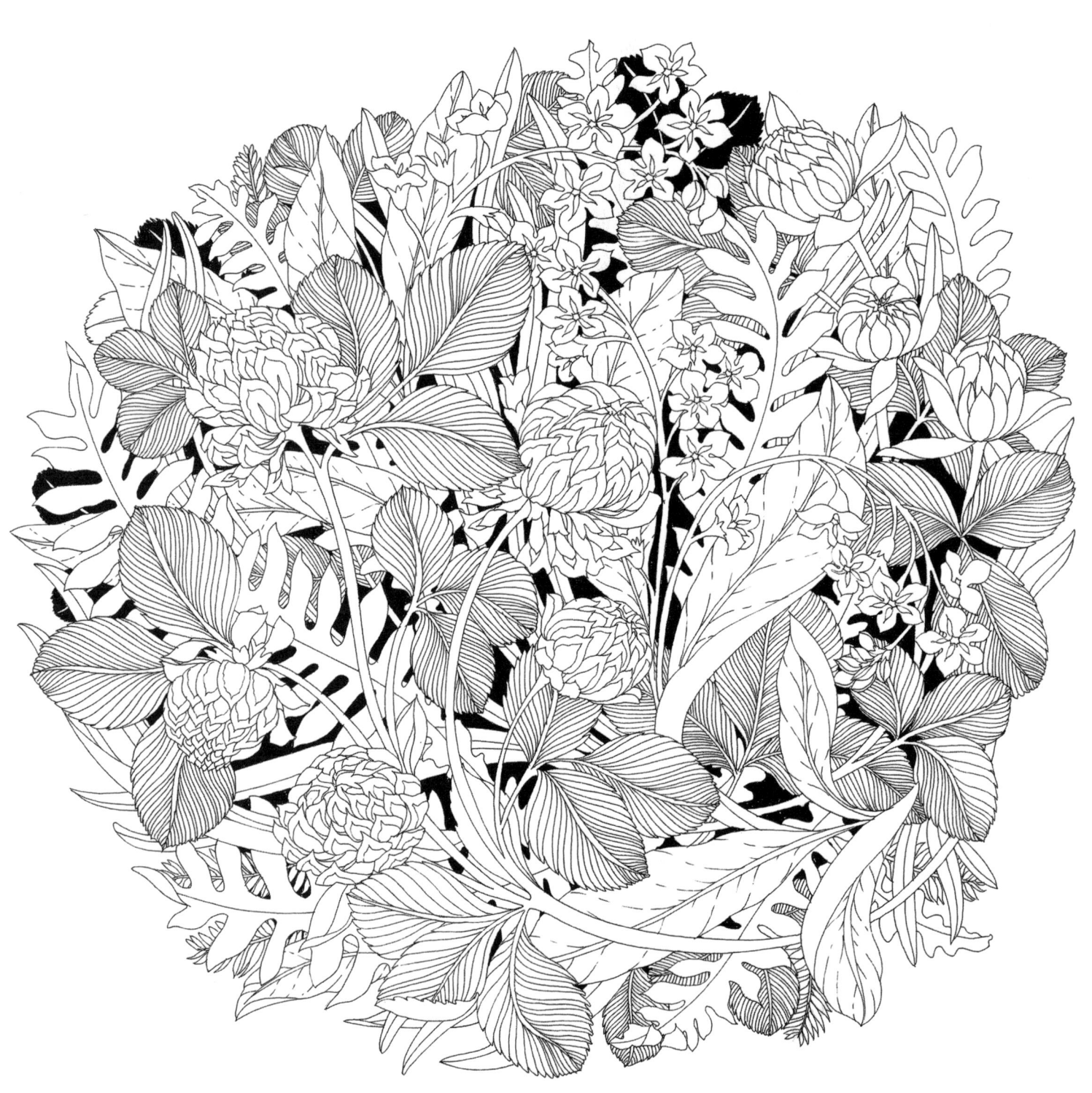

Cada hoja me habla de felicidad,
  cimbreando al caer del árbol de otoño.
    Sonreiré cuando florezca el ventisquero
allí donde debería crecer la rosa.

Fall, leaves, fall («Caed, hojas, caed»), Emily Brontë

Numerosos centenares de aves habían nacido
en las ramas de este árbol único:
un año tras otro, las tribus de conejos y liebres
    habían mordisqueado
su corteza; de sus cavidades habían emergido
    colonias de hongos;
e innumerables familias de topos y lombrices
    se habían arrastrado sobre sus raíces.

Under the Greenwood Tree (Bajo la verde fronda), Thomas Hardy

Cuando intentamos seleccionar algo a nivel individual,
lo encontramos relacionado con
todo lo demás en el Universo.

My First Summer in the Sierra (Mi primer verano en la Sierra), John Muir

Busqué la madera en invierno
 cuando cada hoja estaba muerta;
detrás de las ramas azotadas por el viento,
 el sol invernal, en rojo intenso.
 La estrella más fría emergía
para saludar al aire amargo,
 los robles, gigantes retorcidos;
 allí, ni capullo ni flor crecía.

I Sought the Wood in Winter («Busqué la madera en invierno»), Willa Cather

Relación de especies

Dedalera o digital (*Digitalis purpurea*),
correhuela mayor (*Calystegia sepium*),
aliso común (*Alnus glutinosa*), fresno norteño
(*Fraxinus excelsior*), aleluya (*Oxalis acetosella*),
ortiga muerta purpúrea (*Lamium purpureum*)

Manzano silvestre europeo (*Malus sylvestris*),
arce real (*Acer platanoides*)

Zarzamora (*Rubus fructicosus*)

Castaño de Indias
(*Aesculus hippocastanum*)

Ajo de oso
(*Allium ursinum*)

Aro (*Arum maculatum*),
celidonia menor (*Ficaria verna*)

Prímula
(*Primula veris*)

Prímula
(*Primula veris*)

Nomeolvides del bosque
(*Myosotis sylvatica*)

Cerezo silvestre
(*Prunus avium*)

Eléboro (*Helleborus viridis*),
campanilla de invierno (*Galanthus nivalis*),
violeta de monte (*Viola riviniana*)

Corzo común
(*Capreolus capreolus*)

Corzo común
(*Capreolus capreolus*)

Lirio de los valles
(*Convallaria majalis*)

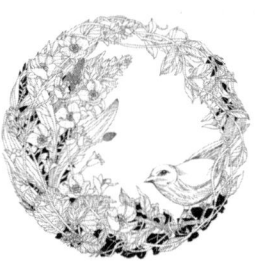

Verónica
(*Veronica chamaedrys*)

Dandelion
(*Taraxacum officinale*)

Liebre común (*Lepus europaeus*),
ajo de oso (*Allium ursinum*),
tablero de damas (*Fritillaria meleagris*),
perifollo verde (*Anthriscus sylvestris*)

Nomeolvides del bosque
(*Myosotis sylvatica*)

Sello de Salomón
(*Polygonatum multiflorum*),
lirio hediondo (*Iris foetidissima*)

Botón de oro o hierba belida
(*Ranunculus acris*)

Dedalera o digital
(*Digitalis purpurea*)

Tablero de damas
(*Fritillaria meleagris*)

Margarita
(*Bellis perennis*)

Aleluya
(*Oxalis acetosella*)

Trébol rojo
(*Trifolium pratense*)

Lirio hediondo
(*Iris foetidissima*)

Violeta de monte
(*Viola riviniana*)

Jacinto de los bosques
(*Hyacinthoides non-scripta*)

Nomeolvides de bosque
(*Myosotis sylvatica*)

Hiedra terrestre
(*Glechoma hederacea*)

Brusela
(*Vinca minor*)

Rosal silvestre (*Rosa canina*),
espino albar (*Crataegus monogyna*)

Aliso común (*Alnus glutinosa*), arce blanco o
falso plátano (*Acer pseudoplatanus*), zarzamora
(*Rubus fruticosus*), rosal silvestre (*Rosa canina*)

Mariquita de siete puntos
(*Coccinella septempunctata*)

Salguero o sauce blanco (*Salix alba*),
rapónchigo (*Campanula rapunculus*),
campanilla de Irlanda (*Campanula
rotundifolia*)

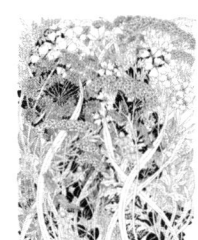

Perifollo verde (*Anthriscus sylvestris*),
milenrama (*Achillea millefolium*),
geranio (*Geranium sylvaticum*)

Rosal silvestre (*Rosa canina*),
endrino (*Prunus spinosa*),
rosa pimpinela (*Rosa pimpinellifolia*)

Mariposa perlada rojiza (*Boloria euphrosyne*), atalanta (*Vanessa atalanta*), mariposa c-blanca (*Polygonia c-album*), chochín común (*Troglodytes troglodytes*)

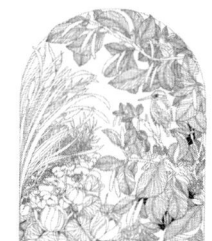

Abedul común (*Betula pendula*),
martín pescador (*Alcedo atthis*),
junco lacustre (*Schoenoplectus lacustris*), nenúfar blanco europeo
(*Nymphaea alba*)

Serbal de los cazadores (*Sorbus aucuparia*),
cardo inglés (*Cirsium dissectum*), guillomo
de Saskatchewan (*Amelanchier alnifolia*),
Susan de ojos negros (*Rudbeckia hirta*)

Castaño de Indias (*Aesculus hippocastanum*),
dedalera o digital (*Digitalis purpurea*),
correhuela mayor (*Calystegia sepium*)

Madreselva de los bosques (*Lonicera periclymenum*), sauquillo (*Viburnum opulus*), abejorro o moscardón (*Bombus* spp.)

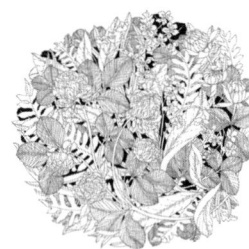

Trébol rojo (*Trifolium pratense*),
nomeolvides del bosque
(*Myosotis sylvatica*)

Roble común (*Quercus robur*), lonchite
(*Blechnum spicant*), aliso común (*Alnus glutinosa*),
junco lacustre (*Schoenoplectus lacustris*)

Anémona de bosque
(*Anenome nemorosa*)

Perifollo verde (*Anthriscus sylvestris*), bocado del diablo
(*Succisa pratensis*)

Saúco negro (*Sambucus nigra*), zarzamora
(*Rubus fructicosus*), rosa mosqueta (*Rosa rubiginosa*), rosal silvestre (*Rosa canina*)

Ratón de campo (*Apodemus sylvaticus*),
zarzamora (*Rubus fructicosus*),
saúco negro (*Sambucus nigra*)

Arce blanco (*Acer pseudoplatanus*),
roble (*Quercus robur*),
serbal (*Sorbus aucuparia*)

Arreglo seco de rosal silvestre (*Rosa canina*),
lunaria (*Lunaria annua*), clemátide (*Clematis vitalba*), arañuela (*Nigella damascena*),
hortensia (*Hydrangea macrophylla*)

Serbal de los cazadores
(*Sorbus aucuparia*), roble
común (*Quercus robur*)

Caracol común (*Cornu aspersum*), culantrillo blanco
(*Cystopteris fragilis*)

Caracol común (*Cornu aspersum*), hongo agaricáceo
(*Agaricus sylvaticus*), *Panaeolus antillarum*

Ardilla común (*Sciurus vulgaris*),
hongo basidiomiceto (*Amanita crocea*), hongo basidiomiceto
(*Mycena galopus*)

Ratón de campo (*Apodemus sylvaticus*), hongo basidiomiceto
(*Amanita crocea*), hongo
basidiomiceto (*Mycena galopus*)

Cortinarius torvus, rebozuelo (*Cantharellus cibarius*), hongo basidiomiceto (*Mycena galopus*), arce menor (*Acer campestre*),
saúco negro (*Sambucus nigra*)

Mízcalo o níscalo (*Lactarius deliciosus*),
hongo basidiomiceto (*Agaricus silvaticus*),
hongo basidiomiceto (*Mycena galopus*),
Mycena tenerrima, rebozuelo (*Cantharellus
cibarius*), roble común (*Quercus robur*),
arce menor (*Acer campestre*)

Haya común (*Fagus sylvatica*),
cornucopia blanca (*Pleurotus cornucopiae*),
rebozuelo (*Cantharellus cibarius*), boleto
cetrino (*Suillellus luridus*), lengua cervina
(*Asplenium scolopendrium*), culantrillo
menudo (*Asplenium trichomanes*)

Saúco negro (*Sambucus nigra*),
cerezo silvestre (*Prunus avium*)

Zorro común (*Vulpes vulpes*),
zarzamora (*Rubus fructicosus*)

Matamoscas (*Amanita muscaria*), rebozuelo
(*Cantharellus cibarius*), amanita de los Césares
(*Amanita caesarea*), hongo basidiomiceto
(*Mycena inclinata*), lonchite (*Blechnum spicant*),
roble común (*Quercus robur*), helecho
(*Polystichum aculeatum*), ameo bastardo
(*Ammi majus*), cardo inglés (*Cirsium dissectum*)

Enebro común (*Juniperus communis*),
eucalipto azul (*Eucalyptus globulus*),
pino silvestre (*Pinus sylvestris*),
tsuga de Canadá (*Tsuga canadensis*),
hiedra (*Hedera helix*)

Alerce europeo (*Larix decidua*),
sauquillo (*Viburnum opulus*), hiedra
(*Hedera hélix*), endrino (*Prunus
spinosa*), *Symphoricarpos albus*, enebro
común (*Juniperus communis*)

Ardilla común
(*Sciurus vulgaris*)

Alerce europeo
(*Larix decidua*)

Tejo (*Taxus baccata*), cedro del Líbano
(*Cedrus libani*), tsuga del Pacífico
(*Tsuga heterophylla*), acebo (*Ilex aquifolium*),
muérdago blanco (*Viscum album*)

Petirrojo europeo
(*Erithacus rubecula*)

Sobre los escritores

Gustavo Adolfo Bécquer (1836-1870)
Poeta y narrador español del posromanticismo.
Sus *Rimas y leyendas*, un conjunto de poemas
y relatos, constituyen uno de los libros más
populares de la literatura española.

Paul Laurence Dunbar (1872-1906)
Hijo de unos esclavos en Kentucky, este influyente
poeta y escritor de relatos afroamericano
fue más conocido por su obra escrita en verso
dialectal.

Ralph Waldo Emerson (1803-1882)
Poeta y ensayista estadounidense, fue una figura
destacada del trascendentalismo del siglo XIX.
Creía en la capacidad de las personas como
individuos para seguir sus propios caminos,
en contra de las principales doctrinas religiosas
de la época.

Lord Byron (1788-1824)
Poeta romántico inglés cuya escandalosa reputación
eclipsó en gran medida sus logros literarios. Descrito
como «loco, malo y peligroso» por su amante casada
Lady Caroline Lamb, se convirtió en una sensación
editorial tras escribir el semiautobiográfico *Childe
Harold's Pilgrimage*.

Antonio Machado (1875-1939)
Poeta español, el más joven representante de la
Generación del 98. Su obra inicial fue evolucionando
hacia un intimismo simbolista con ciertos rasgos
románticos, que maduró en una poesía de compromiso
humano, así como de contemplación de la existencia.

Richard Jefferies (1848-1887)
Escritor inglés de historia natural profundamente
influenciado por su educación rural en una granja.
Su intenso aprecio por el mundo natural fue el principal
tema de sus ensayos, escritos sobre la naturaleza y novelas.

Thomas Hardy (1840-1928)
Novelista y poeta inglés que ambientó muchas de sus
historias en el condado semificticio de Wessex. La vida
rural es un tema recurrente a lo largo de gran parte
de su obra.

Emily Brontë (1840-1928)
Poeta prolífica, cuya única novela fue *Wuthering Heights*
(*Cumbres borrascosas*), Emily Brontë vivía en la remota
Haworth, de Yorkshire, con sus famosos hermanos
literarios. Su obra de temas oscuros, sorprendentemente
original, escrita bajo el seudónimo de Ellis Bell, fue
controvertida e intrigante.

John Muir (1838-1913)
Escritor, conservacionista, ambientalista y naturalista
escocés-estadounidense, causó un gran impacto
en la protección y conservación de grandes zonas de
la naturaleza silvestre de Estados Unidos. Sentía una
conexión espiritual con los entornos salvajes y se le
atribuye ser el fundador del sistema de Parques Nacionales.

Willa Cather (1873-1947)
Poeta, novelista, escritora y periodista estadounidense.
Ocupó un puesto editorial en *McClure's*, una revista
política y literaria conocida como una de las primeras
que intentaban mostrar la injusticia social y económica
a través de historias espectaculares.

Agradecimientos

Un agradecimiento especial a mi familia
y al extraordinario equipo de Skittledog.

@leiladuly